AF329231

CATALOGUE
D'OBJETS D'ART
ET DE CURIOSITÉ,

TELS QUE

Armes et armures des xv et xvi siècles; meubles en bois sculpté de la renaissance, verrerie de Venise d'un très beau choix; ivoires sculptés, émaux de Limoges, vases en argent repoussé du xvie siècle: quelques porcelaines de Chine et du Japon, quelques meubles du temps de Louis XV; armes riches orientales, et quantités d'objets variés,

Composant le cabinet de M. DELPHÉ,

DONT LA VENTE AURA LIEU, POUR CAUSE DE CHANGEMENT DE DOMICILE,

RUE DES JEUNEURS, 16,
SALLE N. 3,

Les vendredi 7 et samedi 8 mars 1845, à midi,

Par le ministère de Me BENOU, Commissaire-Priseur, rue Taranne, 11,

Assisté de M. ROUSSEL, Expert, rue des Saints-Pères, 38,

CHEZ LESQUELS SE DISTRIBUE LE PRÉSENT CATALOGUE.

EXPOSITION PUBLIQUE
Le jeudi 6 mars 1845, de midi à cinq heures.

PARIS
IMPRIMERIE ET LITHOGRAPHIE DE MAULDE ET RENOU,
Rue Bailleul, 9 et 11, près du Louvre.

1845

CONDITIONS DE LA VENTE.

Elle est faite au comptant.

Il sera perçu 5 centimes par franc en sus des enchères, applicables aux frais.

DÉSIGNATION

DES OBJETS.

1 — Belle épée dans le style de la renaissance ;
la monture en argent doré, richement
ciselée, est ornée de figures allégoriques,
avec écusson et couronne de comte ; le
fourreau, en acier gravé et doré, est garni
en argent doré.

2 — Sabre traban à lame de Damas gris, avec
monture et garniture de fourreau très riches, en argent doré, ornées de turquoi-
ses et de grenats.

3 — Deux épaulières, une pièce de renfort de
cuirasse et une mentonnière de renfort
de casque, en fer, ornées de belles bor-
dures d'arabesques gravées et dorées. Travail italien du seizième siècle.

4 — Grande épée de selle, italienne, du seizième
siècle, dont le pommeau, de forme aplatie, est orné de bas-relief.

5 — Armure cannelée du seizième siècle ; le
casque à soufflet est d'une très belle forme.

6 — Vase en coco sculpté, orné de trois bas-reliefs représentant des sujets de l'Ancien

Testament. Travail très fin, la monture en cuivre doré, enrichie de pierreries.

7 — Autre vase en coco sculpté, orné de bas-re·liefs à sujets de bacchanal, d'un très beau travail, avec monture en argent doré; le couvercle est surmonté d'une petite figurine tenant un écusson ar-moirié.

8 — Pot à bière en verre de Venise, à filets blancs, garni en étain.

9 — Joli vase à couvercle en verre de Venise, à filigrane blanc.

10 — Deux petites coupes, l'une ovale, l'autre ronde, en verre de Venise, à filets blancs.

11 — Vase d'ornement en verre de Venise, à fi-lets blancs.

12 — Coiffure de femme, en jayet, du seizième siècle.

13 — Bouteille en faïence italienne, avec peintu·res et mascarons.

14 — La Vierge couronnée, entourée d'anges, debout sur un croissant. Beau bronze doré italien, sur piédestal orné de bas re-liefs en cuivre doré.

15 — Très joli pot à bière en argent repoussé et doré, du seizième siècle, orné de médail-lons gravés représentant la Foi, l'Espé-rance et la Charité; l'anse est formée par une figure renversée.

16 Plat rond en faïence de Bernard Palissy, re-présentant Persée et Andromède.

17 — Deux petits plats en faïence de Faenza, représentant Adam et Ève, et la résurrection du Christ.

18 — Vase en étain orné de bas-reliefs et d'arabesques du seizième siècle.

19 — Encrier très curieux en grès de Flandre, orné de figures et d'animaux groupés.

20 — Pistolet en verre de Venise émaillé, avec date de 1597.

21 — Deux petites boîtes en cuivre, l'une gravée et l'autre avec bas-relief.

22 — Ecritoire turque en cuivre gravé.

23 — Manuscrit sur vélin, du seizième siècle, orné de treize miniatures et de vignettes; reliure en cuir gaufré.

24 — Christ byzantin en cuivre.

25 — Pelle et pincette en fer ciselé et découpé à jours, d'un travail délicat et d'une jolie forme.

26 — Miroir du temps de Louis XIII, avec cadre en bois, enrichi d'ornements en cuivre repoussé.

27 — Prie-dieu en bois sculpté, fermant à deux portes ornées de figures de saints.

28 — Yatagan à poignée niellée sur argent, avec inscription arabe; le fourreau en argent repoussé, très riche d'ornements.

29 — Arquebuse à rouet du seizième siècle, dont la monture en bois est incrustée d'ivoire gravé.

30 — Arbalète en os sculpté; elle est munie de

de son cranequin en fer gravé, très riche
d'ornement.

31 — Yatagan avec poignée et fourreau en argent
repoussé.

32 — Poire à poudre en fer gravé et ciselé, représentant des sujets de chasse. Très beau
travail du seizième siècle.

33 — Deux éperons en fer gravé, incrustés d'ornements en argent.

34 — Grande épée à lame triangulaire et garde en
fer, ciselée et découpée à jours.

35 — Autre épée à large lame, du seizième siècle; le pommeau et la garde sont formés
par des enroulements découpés à jours.

36 — Epée à lame triangulaire, du seizième siècle,
avec pommeau et garde en fer découpés
à jours.

37 — Grande et belle épée du seizième siècle, à
large lame ornée d'arabesques gravées;
la garde et le pommeau en fer sont couverts d'arabesques d'un très beau style.

38 — Quatre hallebardes gravées avec écussons
aux armes de Saxe; les hampes sont cou-
vertes en velours rouge.

39 — Grande hache gravée aux armes de Saxe.

40 — Epée espagnole avec garde à panier, découpée à jours, représentant une chasse; la
lame est découpée à jours.

41 — Autre épée espagnole avec pommeau et
garde en fer ciselé, découpés à jours,
très riche d'ornements à figures.

42 — Epée avec garde à panier, ornée de figures
et d'animaux ciselés en relief.

43 — Autre épée du seizième siècle; le pommeau
et la garde en fer sont incrustés d'ornements en argent.

44 — Dague italienne à lame cannelée et découpée
à jours ; le pommeau et la garde sont da-
masquinés en argent.

45 — Autre dague italienne à peu près semblable.

46 — Poignard dont la poignée et le fourreau en
ivoire sculpté offrent les figures de la Foi,
l'Espérance et la Charité.

47 — Très belle hache d'arme orientale, la lame
richement ornée d'incrustations en argent
se rattache au manche, qui est de même
travail, par une tête d'éléphant faisant
relief ; le fourreau en velours rouge est
garni en cuivre doré, découpé à jours.

48 — Beau bahut du seizième siècle , dont la fa-
çade est couverte d'arabesques d'un très
beau style, avec mascarons aux centres et
cariatides placées deux à deux sur les
côtés.

49 — Six bandes de tapisseries du quinzième siècle, provenant d'ornements d'église.

50 — Tapisserie de la même époque, représentant
la Religion ; la bordure offre des cartels
où sont représentés les Vertus théologales.

51 — Vase en émail de Chine.

52 — Grand et beau plateau rond à pied, en verre

de Venise, à filigrane blanc, de la plus belle qualité.

53 — Petite coupe ronde à pied élevé, en verre uni.

54 — Grand verre à couvercle à pied élevé, orné d'arabesques gravées.

55 — Très beau vidrecome de forme cylindrique, à filigrane blanc et à côtes, en verre de Venise, très belle qualité.

56 — Autre vidrecome de même forme.

57 — Deux plaques ovales, en émail grisaille teintée de Limoges, représentant des saints, avec date de 1561.

58 — Deux grands et beaux vases, fond bleu à cartouches de fleurs, en porcelaine de Chine; très belle qualité.

59 — Deux très beaux vases en porcelaine de Chine, à huit pans et champs renfoncés, richement décorés de fleurs et d'arabesques; belle qualité.

60 — Petite pendule rocaille, en bronze doré, ornée de figures.

61 — Dix-sept tasse en porcelaine de Chine, fond violet à dessins verts et jaune; qualité très fine.

62 — Pendule en biscuit, du temps de Louis XVI, représentant Apollon charmant les animaux; elle est ornée de bronzes très fins et dorés.

63 — Dix fauteuils du temps de Louis XV, en bois sculpté et doré, couverts en velours.

64. — Jolie petite burette à filigrane blanc, remarquable par l'élégance de sa forme.

65 — Très beau vase à couvercle, verre de Venise à filigrane blanc.

66 — Verre, forme calice, en verre gravé, à filets
rouge dans le pied.

67 — Verre de forme cylindrique à filets blancs
en spirale.

68 — Groupe de figures chinoises avec kiosques et
fleurs sculptés dans le même morceau
de bois. Travail chinois.

69 — Facsimilé du vase de Portland, en porcelaine, fond bleu à relief blanc.

70 — Epée à deux mains, remarquable par sa
largeur et son poids.

71 — Très belle poignée de kris indien, avec
fourreau en cuivre repoussé et doré.

72 — Bas-relief en argent repoussé, représentant
un paysage. Travail fin.

73 — Très belle pendule en marqueterie de couleur, forme ceintrée, avec cul-de-lampe,
richement garnie de cuivres.

74 — Trois vases de forme aplatie, en porcelaine de Chine à médaillons de manda-
rins très fins, sur fond bleu-clair; ils
sont remarquables par la finesse des
peintures et par leur belle forme.

75 — Deux petits candélabres à trois branches de
fleurs, avec figurines en costume du temps
de Louis XV, en porcelaine de Saxe;
ancienne qualité.

76 — Grand vase de milieu, faisant jardinière,
en porcelaine du Japon à dessins faisant
relief, avec riche monture rocaille en
bronze.

77 — Beau Christ en ivoire, remarquable par l'ex-
pression de la figure et le fini du travail.

78 — Montre ovale à réveil du seizième siècle, en
cuivre gravé et doré; le dessus est orné
d'un bas-relief en argent, représentant
le Jugement de Pâris; à l'intérieur il y a
trois cadrans, entourés de riches arabesques gravées, du plus beau travail.

79 — Très belle trousse pour le jardinage, du seizième siècle; elle est renfermée dans son
étui en cuir, et se compose de onze
pièces en fer, ciselées, gravées et dorées,
d'un beau travail, avec manches en
ivoire.

80 — Joli petit calice du seizième siècle, en argent doré, avec ornements d'applique,
et découpés à jours, d'un très beau
style.

81 — Petite commode du temps de Louis XV,
en marqueterie de bois à fleurs.

82 — Table à pieds tors du seizième siècle.

83 — Petit secrétaire du temps de Louis XVI,
en marqueterie de bois de rose, avec
ornements en cuivre.

84 — Miroir du temps de Louis XIII, avec cadre
guilloché en ébène et écaille.

85 — Bas-relief en bois, représentant les trois
Parques, dans le style de Jean Goujon.

86 — Statuette en bois doré, représentant un
prêtre marchant à l'autel; sculpture très
remarquable.

87 — Statuette en terre cuite émaillée, représentant un enfant tenant des roses; cette
pièce très délicate est très remarquable.

88 — Porte-mèche du seizième siècle, en fer ciselé, damasquiné d'or et d'argent; pièce
rare.

89 — Pince en fer ciselé, les branches sont for-
mées par des animaux chimériques.

90 — Dossier de livre d'heures, en cuivre doré.

91 — Garniture de trois vases en ancienne
faïence peinte émaillée; ils sont d'une
belle forme et bien conservés.

92 — Jolie cruche en grès de Flandre, à rosaces
et ornements.

93 — Dito, ornée de palmettes.

94 — Plat ovale en grès de Flandre, avec ornements en relief et découpés à jours.

95 — Corbeille en ancienne terre de pipe.

96 — Plateau à pied, en verre de couleur.

97 — Verre de Venise, avec pied à balustre.

98 — Un dito, forme entonnoir.

99 — Un dito, très léger, d'une forme allongée.

100 — Jolie petite statuette, en pierre de Tonnerre; travail du seizième siècle.

101 — Belle miniature sur vélin, représentant sainte Geneviève, patronne de Paris, filant au milieu d'une riche campagne; dans le lointain, des chevaliers viennent pour lui rendre hommage. Cette peinture, très ancienne, est remarquable comme exécution et conservation.

102 — Marteau d'arme du seizième siècle, d'une forme très curieuse.

103 — Deux éperons du seizième siècle, en fer ciselé.

104 — Vase en porcelaine de Chine, orné d'arabesques rehaussé d'or.

105 — Flambeau en fer à deux branches; la tige en spirale sert à hausser et baisser les lumières, et une châtelaine en fer, garnie de trois clefs.

106 — Poire à poudre du seizième siècle, garnie en fer.

107 — Deux petites consoles en bois doré, ornées de figures.

108 — Coupe en verre de Venise moucheté de diverses couleurs.

109 — Deux petits flambeaux en bois, finement sculptés, du temps de Louis XIII.

110 — Demi-armure du temps de Charles VIII,

111 — Dague en fer, à têtes d'aigles.

112 — Carabine à pied de biche avec monture, ornée d'incrustations, très fines de détails.

113 — Carabine suisse; la crosse est en fer doré et la monture est ornée d'incrustations.

114 — Plat byzantin pour communier sous les deux espèces.

115 — Amorçoir ayant la forme d'un poisson.

116 — Dague ancienne, dite d'Holbein.

117 — Cartouchière ornée d'incrustations.

118 — Dague en fer, dont la lame est à jours.

119 — Dague de Kamtschadale.

120 — Christ byzantin sur croix processionnalle.

121 — Petit modèle de cuirasse.

122 — Sabre chinois à deux lames, aux armes impériales.

123 — Deux ceinturons du seizième siècle.

124 — Arme indienne, dont la lame en damas est recourbée.

125 — Javelot curieux, en damas.

126 — Masse d'arme, damasquinée d'or.

127 — Fer de hallebarde, d'une forme curieuse.

128 — Deux petites carabines d'abordage, ornées d'incrustations.

129 — Beau kris malais.

130 — Sabre orné d'un calendrier.

131 — Cleymore écossaise.

132 — Épée à poignée incrustée et garde à un seul croisillon.

133 — Épée, dite estocade.

134 — Platine turque.

135 — Bouclier chinois.

136 — Poire à poudre, ornée d'incrustations.

137 — Pendule en bois sculpté du temps de Louis XIII.

138 — Bouclier en fer gravé.

139 — Vingt dessins chinois sur papier de riz, encadrés. Ce lot sera divisé.

140 — Deux écrans à oiseaux.

1860   Imprimerie et lithographie Maulde et Renou,
rue Bailleul, 9 et 11.